COMPAGNIE

DU

CHEMIN DE FER MÉTROPOLITAIN

DE PARIS

RÈGLEMENT GÉNÉRAL

D'EXPLOITATION

approuvé par décision préfectorale

du 14 Novembre 1904

et modifié par décision du 27 Janvier 1906

PARIS

IMPRIMERIE ET LIBRAIRIE CENTRALES DES CHEMINS DE FER

IMPRIMERIE CHAIX

SOCIÉTÉ ANONYME AU CAPITAL DE TROIS MILLIONS

Rue Bergère, 20

1908

COMPAGNIE

DU

CHEMIN DE FER MÉTROPOLITAIN

DE PARIS

RÈGLEMENT GÉNÉRAL

D'EXPLOITATION

approuvé par décision préfectorale

du 14 Novembre 1904

et modifié par décision du 27 Janvier 1906

PARIS

IMPRIMERIE ET LIBRAIRIE CENTRALES DES CHEMINS DE FER

IMPRIMERIE CHAIX

SOCIÉTÉ ANONYME AU CAPITAL DE TROIS MILLIONS

Rue Bergère, 20

1908

Magasin des Imprimés. — Mod. **203.**

COMPAGNIE

DU

CHEMIN DE FER MÉTROPOLITAIN

DE PARIS

RÈGLEMENT GÉNÉRAL

D'EXPLOITATION

OBJET

Ce règlement a pour objet d'établir les règles générales du service ; d'en fixer les conditions d'application ; de définir les devoirs et les attributions du personnel.

Il est complété par des instructions, des ordres, des circulaires et des notes de service.

Tout agent doit, avant toute autre considération, se préoccuper d'assurer la sécurité des voyageurs ; en conséquence, il doit observer ou faire observer scrupuleusement les règles édictées à chacun des chapitres suivants.

Mod. 203.

CHAPITRE Ier

SIGNAUX

Dispositions générales.

ARTICLE PREMIER.

Les signaux servent à mettre les Agents de la voie, des trains et des gares, en communication entre eux pour la transmission des ordres ou avis concernant la sécurité et la régularité de la marche des trains.

ART. 2.

Tout Agent, quel que soit son grade, doit obéissance passive aux signaux.

Tout ordre transmis par un signal doit être exécuté immédiatement.

ART. 3.

Sur tous les points, et à toute heure, les dispositions doivent être prises comme si un train non attendu pouvait survenir.

ART. 4.

L'absence de tout signal indique que la **voie est libre.**

Art. 5.

Les signaux se divisent en :

I. — Signaux à vue ;
II. — Signaux acoustiques.

I. — SIGNAUX A VUE

Art. 6.

Les signaux à vue diffèrent suivant qu'ils sont faits de nuit ou de jour. Les signaux de nuit doivent être employés :

1° Dans les parties aériennes,

(a) Exceptionnellement pendant **le jour,** en même temps que les signaux de jour lorsque, par suite de l'état de l'atmosphère *(brouillard, neige, etc.)*, ils peuvent être aperçus plus distinctement que ceux-ci ;

(b) **Le soir,** à partir du moment où ces signaux deviennent **plus visibles** que les signaux de jour, jusqu'au matin, lorsqu'ils cessent d'être aperçus plus distinctement que ces derniers.

2° Dans les souterrains,
Aussi bien de jour que de nuit.

Art. 7.

Les signaux à vue comprennent :

A — **Les signaux mobiles;**

B — **Les signaux fixes ;**

C — **Les signaux des trains** ou des **automotrices isolées.**

A.— Signaux mobiles.

Art. 8.

On emploie comme signaux mobiles :

Le jour : des **drapeaux blancs, verts** ou **rouges, des guidons de mêmes couleurs, le bras** ou **un objet quelconque.**

La nuit : **des feux blancs, verts** ou **rouges.**

§ 1er. — *Signaux de jour.*

Le drapeau roulé ou le bras étendu horizontalement dans la direction suivie par le train indique que la **voie est libre;** la même indication peut être donnée avec le **guidon blanc** ou le **drapeau blanc déployé.**

Le drapeau vert déployé ou le **guidon vert** commande le **ralentissement.**

Le signal de ralentissement indique que la vitesse effective des trains auxquels il s'adresse doit être réduite de façon à ne pas dépasser un maximum de **10 kilomètres** à l'heure, sauf indication spéciale différente.

Le drapeau rouge déployé commande **l'arrêt immédiat.** A défaut de drapeau rouge, l'arrêt est commandé, soit **en agitant vivement** un objet quelconque, soit **en élevant les bras** de toute leur hauteur.

§ 2. — *Signaux de nuit.*

Le **feu blanc** au repos indique que la **voie est libre.**

Le **feu vert** au repos commande le **ralentissement** dans les conditions prescrites au § 1 du même article en ce qui concerne les drapeaux ou guidons verts.

Le **feu rouge** commande **l'arrêt immédiat.**

A défaut de feu rouge, **toute lumière vivement agitée** commande **l'arrêt immédiat.**

Art. 9.

Les Agents chargés de faire les signaux peuvent être remplacés :

Le jour, par un **drapeau** ou un **guidon;**
La nuit, par une **lanterne.**

Le drapeau rouge déployé ou **le feu rouge,** lorsqu'il est placé à l'intérieur d'une voie, ou à l'extérieur d'une voie et à sa droite, commande **l'arrêt immédiat** à tout train ou automotrice se présentant sur cette voie.

Le **drapeau vert déployé**, le **guidon vert** ou le **feu vert,** lorsqu'il est placé à l'extérieur et **immédiatement à droite** d'une voie dans le sens de la marche d'un train ou d'une automotrice, commande le **ralentissement** à ce train ou à cette automotrice dans les conditions prescrites aux §§ 1 et 2 de l'article 8.

Le **drapeau blanc**, le **guidon blanc** ou le **feu blanc,** lorsqu'il est placé à l'extérieur et **immédiatement à droite** d'une voie dans le sens de la marche d'un train ou d'une automotrice, indique le point où la vitesse normale peut être reprise.

§ 3. — *Signaux dans les manœuvres.*

Art. 10.

Les mouvements des automotrices, remorquant ou non des voitures, peuvent être commandés au moyen de la voix par les mots « **en avant** » ou « **en arrière** ».

La direction des mouvements ainsi commandés est déterminée par la position de la loge de l'automotrice occupée par le conducteur chargé de la manœuvre de l'appareil de mise en marche : le corps de la voiture automotrice suit le conducteur dans les mouvements **en avant,** et le précède dans les mouvements **en arrière.**

L'Agent qui doit commander à la voix des mouvements d'automotrice doit donc se rendre préalablement compte de la position du conducteur.

Les mouvements des automotrices, remorquant ou non des voitures, peuvent aussi être commandés au moyen des signaux suivants :

Le jour, le commandement de **mise en marche** est donné en balançant lentement un drapeau roulé, ou le bras :

Horizontalement quand l'automotrice doit se rapprocher de l'Agent qui commande la manœuvre ;

De bas en haut quand l'automotrice doit s'éloigner de lui.

Le commandement « **doucement** » est donné en cessant de balancer le drapeau ou le bras, en l'élevant et en le tenant immobile en l'air.

Le commandement « **halte** » est fait, soit en

tenant un drapeau rouge déployé, soit en agitant vivement un objet quelconque, soit enfin en élevant les bras de toute leur hauteur.

La nuit, le commandement de **mise en marche** est donné en balançant lentement un feu vert :

Horizontalement quand l'automotrice doit se rapprocher de l'Agent qui commande la manœuvre ;

De bas en haut quand l'automotrice doit s'éloigner de lui.

Le commandement « **doucement** » est donné en cessant le balancement et en présentant le **feu vert** au repos.

Le commandement « **halte** » est donné en présentant au conducteur le **feu rouge** ou **en agitant vivement** un feu quelconque.

Distances auxquelles se font les signaux.

ART. 11.

Lorsqu'un train arrêté doit être couvert à l'arrière ou à l'avant, et dans le cas d'un obstacle quelconque de nature à intercepter la circulation, les signaux d'arrêt doivent être faits à une distance telle de l'obstacle que, du point où ils sont aperçus jusqu'à l'obstacle, il y ait au moins **deux cents mètres.**

Les signaux de ralentissement doivent être faits sur le point même où le ralentissement doit s'opérer; ils doivent être placés de façon que les conducteurs les aperçoivent à 50 mètres de ce point, et, pour cela, être répétés quand un obstacle quelconque empêche de les voir.

B. — Signaux fixes.

Art. 12.

Les signaux fixes de la voie comprennent les appareils dits de Block-System installés le long de la ligne ferrée pour maintenir entre les trains les intervalles nécessaires.

Ces appareils s'adressent aux trains ou automotrices circulant sur les voies principales et donnent les indications suivantes :

Le jour, par la position du disque mobile dont ils sont munis.

La nuit, par la couleur du feu qu'ils présentent.

Le jour :

Le disque à face rouge commande l'**arrêt** avant le signal; le disque à face blanche indique que la **voie est libre.**

La nuit :

Le **feu rouge** commande **l'arrêt** avant le signal ; le **feu blanc** indique que la **voie est libre.**

Les appareils du Block-System sont établis de façon que :

1° Dans le cas le plus défavorable, un train ait toujours derrière lui, au moins un signal à l'arrêt **(feu rouge)** ;

2° Le franchissement par un train d'un signal à l'arrêt, soit immédiatement révélé à la station suivante *(sens de la marche du train).*

(Voir la Notice sur le fonctionnement des signaux.)

C. — Signaux des trains ou des automotrices isolées.

Art. 13.

La nuit, ainsi que dans les souterrains, tout train ou toute automotrice circulant ou arrêtée sur les voies principales doit montrer :

A l'avant :

Au moins un feu blanc à l'exclusion de tout feu rouge ;

A l'arrière :

Au moins un feu rouge.

L'un des feux au moins à l'avant, et l'un des feux rouges au moins à l'arrière, devront être éclairés à l'huile ou au pétrole.

II. — SIGNAUX ACOUSTIQUES

Art. 14.

Les signaux acoustiques comprennent :

A — **Les appareils avertisseurs placés sur les automotrices ;**
B — **Le cornet des chefs de train ;**
C — **Le timbre électrique des trains ;**
D — **Le sifflet de poche.**

**A. — Appareils avertisseurs placés
sur les automotrices.**

Art. 15.

Toutes les automotrices sont munies d'appareils avertisseurs actionnés par le conducteur, pour signaler l'approche ou la mise en mouvement du train ou de l'automotrice et communiquer avec les agents des trains, de la manière suivante :

Un coup de sifflet prolongé appelle l'attention ou annonce la **mise en mouvement ;**

Deux coups de sifflet brefs et saccadés prescrivent de **serrer** les freins ;

Un coup de sifflet bref commande de **desserrer** les freins ;

En outre, le conducteur peut communiquer avec les agents du train au moyen d'une sonnerie électrique installée dans chaque voiture ; cette sonnerie est actionnée par un bouton placé dans la loge, à la portée du conducteur :

Un coup de sonnerie prolongé commande de **desserrer** les freins et avertit de la **mise en mouvement ;**

Deux coups commandent de **serrer** les freins ;

Plusieurs coups donnent l'alarme, commandent de **serrer** les freins, et prescrivent au chef de train de se rendre auprès du conducteur.

B. — Cornet des chefs de train.

Art. 16.

L'usage du cornet des chefs de train est uniquement réservé aux mouvements et arrêts des trains en service ; il est formellement interdit pour les manœuvres.

Les chefs de train commandent au conducteur la mise en marche du train au moyen d'un coup de cornet.

Le train étant en mouvement, ils commandent l'arrêt par deux coups de cornet successifs, en les répétant, s'il y a lieu.

C. — Timbre électrique des trains.

Art. 17.

Indépendamment du signal d'arrêt prescrit par l'article 16, **l'arrêt immédiat** des trains peut être commandé, dans les cas graves et d'alarme, par le timbre électrique installé dans la loge du conducteur, et actionné au moyen de boutons placés dans chaque voiture.

D. — Sifflet de poche.

Art. 18.

Les sifflets de poche sont employés par les chefs et sous-chefs de gare, par les chefs de départ et les chefs de train pour transmettre des commandements aux conducteurs, lors des manœuvres ; ils servent également aux gardes des dernières voitures de chaque train en service, dans les conditions prévues à l'article 22

« Un coup » de sifflet signifie « **En avant** »

« Deux coups » de sifflet signifient « **Halte** ».

« Plusieurs coups » de sifflet signifient « **En arrière** ».

CHAPITRE II

CIRCULATION DES TRAINS

Dispositions générales.

ART. 19.

Sur les lignes à double voie, les trains et les automotrices doivent circuler sur la **voie de droite** en regardant le point vers lequel ils se dirigent.

En principe, **un train ne doit pas rétrograder en sens inverse de la marche normale** telle qu'elle vient d'être définie.

Si, exceptionnellement, un train est obligé de refouler, un agent porteur d'un signal d'arrêt doit précéder d'au moins deux cents mètres le dernier véhicule du train. Cette précaution n'est pas nécessaire si, au delà du point extrême que la manœuvre de refoulement doit atteindre, un signal d'arrêt est fait à la distance réglementaire de ce point (200 mètres).

ART. 20.

Les voies se classent en deux catégories :

1° Voies principales, sur lesquelles les trains

circulent entre les gares et à la traversée des gares;

2° Voies accessoires, comprenant toutes les autres voies.

La voie principale parcourue par les trains s'éloignant de l'origine de la ligne, s'appelle **voie 1**; la voie principale parcourue par les trains se rapprochant de l'origine de la ligne s'appelle **voie 2**.

Art. 21.

Toutes les dispositions relatives à la formation et au départ des trains, sont prises par le chef de gare, ou sous sa responsabilité.

Dans toutes les gares ou stations le chef de service de la gare ou de la station a autorité sur tous les agents, même sur ceux des trains.

Lorsqu'un convoi est en marche ou arrêté en dehors des limites des gares ou stations, l'autorité sur tous les agents du train, ainsi que la responsabilité du service, appartiennent au chef de train. Néanmoins le conducteur, qui assure la conduite du train, est responsable des fautes professionnelles qu'il pourrait commettre; notamment, de l'inobservation des signaux fixes ou mobiles et des infractions aux instructions techniques de son service.

ART. 22.

Aucun train, aucune automotrice ne doit être mis en marche par le conducteur avant que celui-ci ait reçu du chef de train **l'ordre** de départ prescrit par l'article 16 et donné par un coup de cornet.

Dans les gares et stations de passage, le chef d'un train ne doit donner lui-même l'ordre de départ au conducteur qu'après avoir été averti par le garde de la dernière voiture du train au moyen d'un coup de sifflet, que le service de la dernière moitié du train se termine.

Toutefois, pour tous les cas exceptionnels ayant nécessité l'intervention des agents de la station dans le mouvement d'un train *(transmission d'ordres ou d'avis émanant ou à destination du chef de train ou du conducteur ; cas d'avaries, de garages, de manœuvres, de nouvelle formation ou de modification de la composition du train, etc.)*, le départ de ce train ne pourra avoir lieu qu'après que le chef de train en aura reçu l'autorisation expresse et directe du chef de service de la station.

Dans les gares terminus, le coup de sifflet d'avertissement préalable à l'ordre de départ est donné par le chef de départ.

Aucun coup de sifflet d'avertissement préalable à un ordre de départ ne doit être donné, avant que l'agent qui en est chargé se soit assuré que le signal du Block-System devant lequel le train à mettre en marche est arrêté, est à voie libre.

Aucun ordre de départ ne doit être donné par un chef de train, avant que cet agent se soit assuré, dans tous les cas que la voie est libre, et, dans les gares ou stations à quitter, que la descente et la montée des voyageurs sont terminées et **que tous les gardes du train sont rentrés dans leurs voitures.**

Art. 23.

Les trains réguliers sont mis en circulation conformément à l'horaire du tableau de service, indiquant les heures de départ.

Indépendamment de ces trains réguliers, les besoins du service peuvent exiger la mise en marche de trains dont l'horaire n'est pas prévu au tableau. Ces trains prennent le nom de **supplémentaires**.

Art. 24.

Toute voiture automotrice marchant isolément est réputée un train ; elle est astreinte par conséquent à toutes les règles et prescriptions concernant la circulation des trains.

Art. 25.

Sauf dans le cas exceptionnel de secours à porter à un train en détresse, aucun train, aucune automotrice ne doit s'approcher à moins de **deux cents mètres** d'un train **en marche** dans le même sens.

Art. 26.

La vitesse des trains en marche sera, au plus, de 45 kilomètres à l'heure. Elle sera réduite :

A 30 kilomètres à l'heure, au plus, dans les pentes droites de déclivité supérieure à $0^m,02$ par mètre ;

A 15 kilomètres à l'heure, au plus, dans les courbes de rayon inférieur à 50 mètres, dans les pentes courbes de rayon inférieur à 200 mètres, dans les traversées de croisement, à la traversée des stations franchies sans arrêt et au passage des aiguilles prises en pointe.

Elle pourra, en outre, être réduite à une vitesse inférieure à la vitesse maximum prévue au paragraphe premier du présent article, sur tous les points spéciaux de la voie où la Compagnie le jugera nécessaire, d'accord avec l'Administration.

Tous les points de la voie où la vitesse devra être réduite seront désignés au personnel, avec l'indication de la vitesse permise.

ART. 27.

Le service de chaque train doit être assuré, en dehors du conducteur, par des agents chargés de la surveillance et de la garde des voitures et des freins.

Des ordres de service spéciaux déterminent le nombre de ces agents pour les diverses compositions ou catégories de trains.

Dans tous les cas, un agent garde-freins doit être placé sur le dernier véhicule du train, et, d'autre part, chacune des automotrices entrant dans la composition du train doit être gardée par un agent capable de remplacer le conducteur pour arrêter le train en cas de besoin.

Dans chaque train, l'agent placé sur l'automotrice de tête a le titre et les attributions de chef de train.

ART. 28.

Dans les trains dont la composition ne comporte normalement qu'une seule automotrice, cette automotrice doit toujours être attelée en tête du train et tournée de manière que le conducteur du train, placé dans la loge de conduite, se trouve à l'avant.

Dans les trains comportant plusieurs automotrices, ces voitures devront être équipées de telle sorte que leurs moteurs puissent être actionnés simultanément par le conducteur du train et de la loge que cet agent doit occuper normalement. L'une des voitures automotrices sera toujours placée en tête du train et tournée comme si elle était seule à remorquer le train.

Il ne peut être dérogé aux dispositions qui précèdent que pour les manœuvres dans les gares et dépôts, dans le cas de secours par l'arrière, ou dans le cas d'avarie survenue en cours de route à l'automotrice de tête, obligeant le conducteur à se transporter, soit dans la loge arrière de cette automotrice, soit dans la loge d'une autre automotrice.

Dans tous les cas prévus au paragraphe qui précède, et d'une manière générale dans tous les cas de refoulement, le chef de train doit se porter et se tenir, pour surveiller la voie et les signaux, dans le véhicule qui, dans la manœuvre ou la marche, devient tête de la rame, et la vitesse de la marche doit être réduite à 10 kilomètres à l'heure au plus.

Freins automatiques et appareils de sûreté.

Art. 29.

Au moment où ils prennent charge d'un train, ainsi qu'avant de partir de chacune des gares ou stations qui seront désignées par des ordres de service, le chef de train et le conducteur doivent :

1° S'assurer que les attelages et les accouplements du frein automatique et autres sont bien faits ;

2° Procéder de concert à une vérification spéciale de l'état et du fonctionnement des appareils d'arrêt ou de sécurité *(freins, sablières, intercommunication, etc.)*, et des divers systèmes de commande de ces appareils en se conformant à ce sujet aux instructions qui règlent, suivant les divers cas, les conditions de cette vérification.

Les vérifications prescrites par le présent article doivent être renouvelées au cours du service notamment :

1° Si une modification est apportée dans la composition du train ou est faite dans l'attelage d'une voiture, ou si le conducteur change de loge.

2° Avant de remettre en marche un train resté en détresse.

3° Toutes les fois qu'un train aura stationné plus d'une demi-heure.

Si le frein continu vient à se déranger en cours de route et s'il ne peut être rapidement remis en état de fonctionnement, le conducteur, après avoir débloqué son train et avisé son chef de train, ne reprendra sa marche qu'avec prudence, c'est-à-dire avec une vitesse modérée telle qu'il puisse toujours s'arrêter dans la partie de voie en vue, s'il se présente un obstacle ou un signal d'arrêt. Au passage de la première station rencontrée, le chef de train fera d'ailleurs descendre tous les voyageurs et le train se rendra en haut le pied jusqu'au prochain terminus.

Si le conducteur a reconnu au départ ou en cours de route des défectuosités quelconques aux appareils qu'il dirige, il devra le plus tôt possible les mentionner sur un registre spécial qui sera à cet effet tenu à la disposition du conducteur dans certaines gares désignées.

Stationnement, Détresse. — Secours.
Avaries au matériel.

Art. 30.

En principe, un train en stationnement ou en détresse, même en pleine voie entre deux stations, est toujours couvert à l'arrière au moins par un signal fixe du Block-System.

Art. 31.

En cas de détresse et après que le chef de train et le conducteur auront reconnu que le secours d'un train est nécessaire et que la situation de leur train accidenté ne présente aucun danger *(chances d'incendie, etc.)* pour le train de secours, le chef de train adressera une demande de secours au train suivant. Cette demande sera faite par écrit et dans les termes suivants :

« *Train n°   en détresse entre   et*

» *demande du secours.*

» *Heure*

»   *le*   *19*

     Vu :

» *Le Conducteur,*   » *Le chef de train,* »

Le chef de train fera remettre, par le garde de queue, la demande de secours. Ce garde, muni du signal d'arrêt, se portera immédiatement au-devant du train survenant en arrière, l'arrêtera s'il y a lieu, et remettra au chef de ce train la demande de secours.

Art. 32.

A partir du moment où un train en détresse a demandé le secours d'un autre train, il lui est formellement interdit de reprendre sa marche sans avoir été attelé au train de secours, alors même que le secours serait devenu inutile.

Art. 33.

Quand un train doit se porter, muni de la demande écrite, au secours d'un train en détresse, le chef du train en avertit le conducteur en lui faisant prendre connaissance de la demande et il lui donne par écrit l'ordre de franchir le signal unique ou les deux signaux à l'arrêt qui le séparent du train à secourir.

Le chef du train de secours fait alors descendre tous les voyageurs s'il a reçu la demande de secours dans une station, ou, dans le cas contraire, il donne l'ordre au conducteur de s'arrêter à la première station suivante pour permettre cette descente. Il fait ensuite reprendre la marche en recommandant la plus grande attention au conducteur qui doit d'ailleurs réduire la vitesse du train à 6 kilomètres à l'heure au plus dans tout le parcours de l'intervalle qui le sépare du train à secourir. Si dans ce parcours le train de secours traverse une station, le chef de train le fait arrêter et en fait descendre les voyageurs. A l'approche du train en détresse, le chef du train de secours fait accoster doucement ce dernier et procéder à l'accouplement des deux trains.

Le chef du train de secours fait descendre tous les voyageurs à la première station suivante si cette descente n'a pas déjà été effectuée ; puis dès que l'autorisation en a été donnée par l'agent spécial *(chef de secteur)*, conformément aux prescriptions de l'article 34, les deux trains réunis poursuivent leur marche jusqu'au terminus (ou jusqu'au prochain garage, dans le cas prévu à l'article 35 du présent règlement), en ralentissant à la traversée des stations de passage.

A partir du moment où le train de secours

accoste le train à secourir, la responsabilité du service et l'autorité sur tous les agents des deux trains, appartiennent au chef du train de secours qui, pendant la marche, doit se tenir dans la voiture placée à l'avant du convoi.

Art. 34.

Dès qu'un accident ou une avarie quelconque de matériel se produira, la station la plus proche devra en être immédiatement avisée par les soins du chef de train. Le chef de service de cette station devra, à son tour, en prévenir l'agent spécial chargé de la surveillance du matériel *(chef de secteur)*.

Dans les cas d'avaries peu graves et lorsque le conducteur aura la certitude qu'il lui est possible sans danger d'incendie ou de panique d'avancer jusqu'à la prochaine station, le chef du train accidenté ou avarié pourra faire conduire le train jusqu'à cette station.

Dans tous les autres cas, et, pour celui qui précède, à partir de la station où le train est arrêté, la marche ne pourra être reprise qu'avec l'autorisation de l'agent spécial *(chef de secteur)*.

En cas de commencement d'incendie ou lorsque l'avarie constatée sera de nature à entraîner des paniques ou un incendie (court-circuit, échauffement d'appareils, etc.) et d'une manière générale toutes les fois qu'il se produira une avarie ou un accident grave, le train accidenté ou avarié ne pourra être remis en marche qu'en haut le pied et après l'arrivée du chef de secteur.

Dans les cas d'avarie autres que ceux qui sont prévus dans le paragraphe précédent, le chef de secteur pourra, sous sa propre responsabilité et au besoin par téléphone, donner l'autorisation de remettre en marche le train avarié ou accidenté sans attendre son arrivée.

Art. 35.

Dans le cas où la remise en marche, jusqu'au terminus, d'un train accidenté, paraîtra devoir occasionner des retards importants dans l'horaire, le chef de ce train examinera l'opportunité de le garer sur la voie d'évitement la plus rapprochée du point où il se trouve. S'il juge ce garage utile il devra faire aviser immédiatement l'inspecteur ou le contrôleur de service ainsi que le chef de secteur. Ces agents se concerteront, prendront la décision nécessaire et donneront les ordres pour les manœuvres à effectuer. Ils se rendront par la voie la plus rapide au point où se fait le garage et assureront, après l'opération, la reprise du service en suivant les prescriptions de l'article 36 ci-après. Si le train accidenté était poussé par un train de secours les agents se conformeraient aux instructions de l'article 33 jusqu'au garage et ensuite aux ordres de l'inspecteur ou du contrôleur.

Art. 36.

En cas de garage d'un train sur une voie d'évitement intermédiaire entre les stations terminus de la ligne, les deux derniers signaux franchis par le train garé ne peuvent plus venir à voie libre.

Pour rétablir le service dès que le garage sera terminé, l'inspecteur ou le contrôleur fera porter au chef du premier train arrêté derrière le train garé, un ordre écrit pour lui faire franchir les deux signaux fermés.

Après en avoir pris connaissance et l'avoir signé, le chef de train remettra l'ordre ainsi reçu au conducteur du train autorisé à reprendre sa marche.

Dans le parcours de l'intervalle compris entre le premier signal franchi à l'arrêt et le premier signal trouvé ensuite à voie libre, la vitesse du train devra être réduite à 10 kilomètres à l'heure au plus.

Rupture d'attelage.

Art. 37.

Lorsque, par suite d'une rupture d'attelage, un train vient à être divisé, **chacun des agents** qui se trouvent sur la partie demeurée en arrière doit prendre toutes les dispositions utiles et notamment serrer tous les freins à main, pour arrêter promptement cette partie du train. Dès que celle-ci est arrêtée, le garde du véhicule de queue doit immédiatement la couvrir à l'arrière, conformément aux prescriptions de l'article 11 ci-dessus.

Tout conducteur s'apercevant d'une rupture d'attelage doit s'arrêter immédiatement, en évitant toutefois, avec le plus grand soin et la plus grande prudence, que la partie séparée, si elle n'est pas arrêtée, ne rejoigne brusquement la première partie.

Dès que la partie séparée du train est arrêtée et couverte à l'arrière, le chef du train commande la manœuvre de recul au conducteur pour accoster les véhicules de queue et les atteler à la première partie du train.

Le conducteur se remet en marche sur l'ordre du chef de train, avec précaution et à la vitesse réduite de 10 kilomètres à l'heure.

Déraillements. — Rupture d'essieux, etc.

Art. 38.

Si un déraillement, une rupture d'essieu ou tout autre accident se produit, le premier devoir du chef de train est de s'assurer si l'autre voie est engagée par les véhicules déraillés. Dans cette circonstance, il se porte immédiatement à la rencontre du train de sens contraire pour l'arrêter et couvrir l'obstacle dans cette direction par un signal d'arrêt, conformément à l'article 11 du présent règlement.

Aussitôt que le train de sens contraire est arrêté, le chef du train déraillé ait immédiatement remettre, à la station la plus voisine, une demande de secours écrite.

Le chef de service de la station fait prévenir toutes les stations de la cause de l'interruption de service.

De plus, *il informe de l'accident*, ou en fait informer par d'autres stations, le service du Contrôle, ainsi que l'agent spécial (chef de secteur) et les services de la Compagnie intéressés qui auront à prendre les mesures nécessaires pour faire rétablir la circulation.

Art. 39.

Dans les cas prévus à l'article 33 du présent règlement, la demande de secours doit indiquer le lieu où se trouve le train en détresse, s'il est sur la voie 1 ou 2, si c'est une ou plusieurs automotrices ou voitures d'attelage qui ont déraillé, leur nombre et leur position dans le train.

Dispositions diverses.

Art. 40.

Tous les signaux fixes présentant le disque ou le feu rouge commandent l'arrêt.

Ils ne peuvent jamais être franchis par les conducteurs que sur un ordre écrit qui leur sera remis par le chef de train.

Cet ordre écrit ne devra d'ailleurs être délivré par le chef de train, que dans les cas et aux conditions prévus par les articles 33, § 1er, 36, 41 et 43.

Dans tous les cas, dès qu'il aperçoit un de ces signaux à l'arrêt, le conducteur doit immédiatement se rendre maître de la vitesse de son train, par tous les moyens à sa disposition **et arrêter avant le signal.**

ART. 41.

Si, par suite de circonstances exceptionnelles, un train franchissait un signal à l'arrêt, le conducteur devrait immédiatement s'arrêter par tous les moyens possibles et prévenir aussitôt le chef de train.

Le chef de train doit alors se porter immédiatement après l'arrêt jusqu'à la première station qui suit le signal franchi, de manière à se rendre compte lui-même de la situation de la voie jusqu'au signal de sortie de cette première station. Après avoir indiqué au chef de service de la station quel est le signal qui a été franchi à l'arrêt, et s'être assuré que la voie est libre de tout obstacle, au moins jusqu'au signal de sortie de cette station, le chef de train, après avoir reçu un ordre écrit du chef de station, rejoint son train et remet au conducteur l'ordre écrit de rentrer en gare, où le train devra stationner jusqu'à ce que le chef de station lui donne l'autorisation écrite de partir.

S'il s'agit d'un signal de sortie de station, et que l'arrière du train soit encore à quai, le chef de train doit, dans ce cas, informer directement le chef de service de cette gare.

Dès qu'il en est informé, le chef de service de la station dont il s'agit se rend compte de la situation de la voie jusqu'au troisième (1) signal, après le dernier franchi à l'arrêt, et, dès qu'il a acquis la certitude que la voie est libre de tout obstacle, au moins jusqu'à ce signal, il autorise, par écrit, le chef de train à partir de la station et à reprendre la marche normale. Le chef de train communique l'autorisation au conducteur, puis il donne le signal de départ.

Les mêmes mesures doivent être prises en cas d'arrêt d'un train devant un signal éteint, douteux (mi-rouge, mi-blanc), ou ne revenant pas à voie libre par suite d'un fonctionnement défectueux.

Art. 42.

Sur les parties de lignes dépourvues de signaux fixes dits de Block-

---

(1) Jusqu'au deuxième signal seulement en ce qui concerne les stations des lignes 1, 2 Nord et 3 pourvues d'un système spécial de signaux.

System ou sur une partie de ligne dont les signaux fixes ne fonctionnent pas, enfin sur les parties aériennes où l'état de l'atmosphère ne permet pas d'apercevoir les signaux fixes ou mobiles ainsi que les feux rouges à l'arrière des trains à une distance d'au moins cent mètres, tout train arrêté pour quelque motif que ce soit doit être couvert à l'arrière.

A cet effet le garde de queue doit immédiatement, après l'arrêt, couvrir son train conformément à l'article 11 du présent règlement.

Ce devoir doit être accompli sans hésitation, sans retard, quelque assurance qu'on puisse avoir qu'aucun train ne doit survenir.

Le chef de train doit s'assurer que le garde de queue couvre son train et au besoin il doit se porter lui-même à l'arrière du train pour le protéger.

Le garde de queue reste à son poste de couverture jusqu'à ce que le chef de la première station en avant dans le sens de la marche de son train lui envoie l'ordre écrit de rentrer.

Ce garde, remplacé dans son service de train par un agent de la station, assure, à son tour, le service de cet agent jusqu'au premier retour de son train.

Sur les parties de ligne dont les signaux fixes ne fonctionnent pas et dans les parties aériennes où l'état de l'atmosphère ne permet pas d'apercevoir les signaux fixes ou mobiles à une distance d'au moins 100 mètres, la vitesse des trains doit être réduite à 10 kilomètres à l'heure.

Art. 43.

Dans le cas où les appareils de block-system ne fonctionneraient pas, c'est-à-dire, si un signal fixe ne se mettait pas à l'arrêt aussitôt après le passage du train sur la pédale correspondant à ce signal ou si un signal ne pouvait revenir à voie libre, le chef de service de la station qui, le premier, est avisé de cette circonstance, prévient immédiatement le Service central de l'Exploitation ainsi que la station qui précède le signal avarié et fait usage du bloc téléphonique.

Dès que la circulation des trains a lieu au bloc téléphonique, les chefs de service des stations ne doivent plus expédier aucun train de leur station sans s'être assurés que la voie est libre en avant; c'est-à-dire sans avoir l'assurance formelle qu'aucun train ne se trouve dans les deux sections de block-system situées en avant.

Les trains sont arrêtés en station par un signal d'arrêt à vue qui n'est retiré que lorsque le chef de service de la station est certain que la voie est libre.

Dans le cas où le téléphone ne fonctionnerait pas, il faut remplacer le bloc téléphonique par le bloc à vue. A cet effet, des agents munis de lanternes ou de drapeaux suivant l'endroit de la voie ou l'état de l'atmosphère, se placent entre deux stations, et de telle manière que chacun de ces agents puisse voir ses collègues. Dès qu'un train quitte la station, le chef de service présente le feu blanc et ce signal est répété par tous les agents en arrière jusqu'à la station précédente.

Dans le cas où une partie de ligne serait exploitée au block téléphonique ou à vue, les chefs de train recevront du chef de service de chacune des stations comprises dans cette partie de ligne un ordre écrit qu'ils transmettront aux conducteurs, autorisant le franchissement, jusqu'à la station suivante, des signaux rencontrés à l'arrêt.

Avant le départ de tout train arrêté conformément aux dispositions qui précèdent, le chef de service de la station avisera tous les agents du train que le train, en cas de détresse, doit être couvert.

Mesures d'ordre.

ART. 44.

Toutes les fois qu'un train contenant des voyageurs est arrêté en pleine voie pour une cause quelconque, et que le stationnement paraît devoir se prolonger plus d'un quart d'heure, le chef du train fait descendre avec précaution, et en se servant de l'escabeau de secours et des portes d'intercommunication, les voyageurs sur la voie, et les fait conduire à la station la plus voisine, en suivant le bord de la voie entre le rail extérieur et la paroi du tunnel. Si l'évacuation immédiate était nécessaire, les agents devraient ouvrir les portières du côté de la paroi du tunnel et inviter les voyageurs à descendre ; toutefois l'évacuation des automotrices devra s'opérer par les voitures adjacentes. Les personnes peu lestes qui descendraient par les portières de côté des voitures d'attelages seraient invitées à s'asseoir sur le seuil des portières et à se laisser glisser ensuite. Les agents recommandent aux voyageurs d'éviter tout contact avec les rails et avec toutes les parties métalliques de la voie, et de ne pas s'approcher de la voie de sens contraire.

Ils veillent à la rigoureuse exécution de ces recommandations.

En prévision de la reprise possible du service avant que tous les voyageurs aient gagné la station et afin d'éviter tout accident ou panique le chef de train charge deux agents du train de marcher l'un en avant, l'autre en arrière des voyageurs, et il leur donne l'ordre et les moyens de faire arrêter tout train de sens contraire qui pourrait survenir. Les trains arrêtés dans ces conditions, ainsi que celui duquel sont descendus les voyageurs, ne devront ensuite reprendre leur marche qu'après que leurs chefs de train respectifs se sont assurés personnellement qu'il ne reste plus sur la voie aucune personne étrangère au service.

Aiguilles.

Art. 45.

Toutes les fois qu'un train sera sur le point

d'aborder une aiguille par la pointe, le conducteur devra s'assurer de la position de cette aiguille avant de la franchir, et être en mesure de s'arrêter avant de l'atteindre dans le cas où elle ne serait pas disposée pour la voie sur laquelle il doit s'engager.

ART. 46.

Il est formellement interdit de changer la position d'une aiguille sur laquelle un train est engagé.

Ainsi, l'agent qui a omis de manœuvrer une aiguille, ou qui l'a manœuvrée à tort et qui s'aperçoit de son erreur lorsque le train est engagé sur l'aiguille, doit se borner à faire le **signal d'arrêt sans changer la position de l'aiguille,** laquelle ne pourra être manœuvrée qu'après que le train l'aura dégagée en marchant en sens inverse du mouvement primitif.

Paris, le 1er Novembre 1904.

Le Directeur de l'Exploitation

P. VIGNES.

Approuvé par décision préfectorale du 14 Novembre 1904, et modifié par décision du 27 Janvier 1906.

TABLE DES MATIÈRES

CHAPITRE II

CIRCULATION DES TRAINS

Art.

DISPOSITIONS DIVERSES

Art.

PARIS. — IMPRIMERIE CHAIX. — 6233-3-08. — (Encre Lorilleux).